AF193332

Círculo Rojo

17 otoños

17 otoños

Diana García Carrero

Círculo Rojo
EDITORIAL

Primera edición: abril 2024

Depósito legal: AL 783-2024

ISBN: 978-84-1073-119-6
Impresión y encuadernación: Editorial Círculo Rojo

© Del texto: Diana García Carrero
© Maquetación y diseño: Equipo de Editorial Círculo Rojo

Editorial Círculo Rojo
www.editorialcirculorojo.com
info@editorialcirculorojo.com

Impreso en España - Printed in Spain

A papá por enseñarme que, cuando la vida se tuerce, debemos romper en carcajadas. Por los mil sueños que nos quedaron pendientes y por regalarme diecisiete preciosos otoños junto a él.

A mamá por repetirme mil veces que libere el nudo de mi garganta y por hacer de sus brazos un refugio.

Al canijo de mi hermano por acompañarme en mis locuras y conseguir que la risa sea medicina.

A mis amigos por quererme tanto y tan bien. Por estar siempre al pie del cañón conmigo.

A Ernesto por ser el primero en proponerme este proyecto cargado de ilusión.

A Laly, mi profesora de Literatura de primero de Bachillerato, por adentrarme en el mundo del verso, permitiéndome romperme y resurgir.

A Héctor por vigilarme de cerca para que el mundo no se me cayera encima de golpe.

A Carlos, mi profesor de Economía de tercero de la ESO a segundo de Bachillerato, por escuchar mis silencios y ayudarme a comprenderlos. Por hacerme sentir en algunas ocasiones como si fuera su hermana pequeña.

A Víctor, mi profesor de Latín en cuarto de la ESO y de Filosofía en primero de Bachillerato, por ser la causalidad más inesperada y bonita con la que me he cruzado. Por convertirse en un gran amigo después de darme clase y ser actualmente una de las personas más importantes en mi vida.

A todos los que ahora transcurren por la oscuridad o luz que supone un luto, con la esperanza de que esta obra les sea útil para lo mismo que a mí, quebrarse y/o volver a vivir.

Y, por supuesto, a ti, lector, por confiar en mí y tener las primeras palabras que muestro al mundo en tus manos.

Prólogo

La primera vez que conocí a Diana, tenía quince años. Yo entraba a impartir mi primera clase de Latín en un instituto y a ella aún la vida no la había golpeado. Pronto entendí que aquella niña sentada en primera fila y que no dejaba de tomar apuntes era diferente a las demás. Poco después, volviendo a coincidir con ella, esta vez como profesor de Filosofía, comencé a impartir la lección acerca de la necesidad del ser humano de trascender en la vida, la necesidad de ser recordado; y si no es posible por ellos mismos, hacerlo a través de los demás. Intentando que lo comprendieran, les propuse que, como yo poco podía trascender ya, lo hicieran ellos y, de esa forma, mi persona también lo haría. Ella levantó la cabeza y me miró como solo Diana sabe mirar, hablando con los ojos. Unos ojos que desde el primer minuto me dijeron «reto aceptado».

Y casi tres años después, aquí estoy con la presión de tener que explicar en breves líneas su persona, su obra. Reto conseguido.

Siempre he odiado los prólogos de los libros. Mera introducción de algo que voy a comenzar a leer. Páginas que evitan que empiece a llegarme el mensaje que el libro realmente trasmite. Así que este prólogo no va a ser un resumen de esos que tantas y tantas veces se leen. Si estás leyendo estas líneas con la expectativa de saber qué tienes entre manos, lo siento, puedes avanzar, esto no te va a resolver ninguna de tus dudas.

Querido lector, estas líneas son un aviso. Tener este libro entre tus manos no es casualidad, sino causalidad. Si estás a punto de comenzar a leer, no es porque lo hayas decidido así; ha sido el libro el que lo ha querido. ¿Que cómo lo sé? Tengo el privilegio de haber leído poemas de este libro antes de que formasen un todo. Su fuerza desmedida, su rabia incontenible y, en definitiva, su forma de abrirte en canal con cada verso es una experiencia imposible de haber sido elegida, te tiene que tocar ser embestido por ella.

Las próximas hojas solo son comparables a pasar meses y meses en una paradisiaca playa, desconectado del mundo, hasta que decides entrar al mar, siendo arrollado por una ola que revuelca y te hace volver en ti al instante.

17 otoños es esa ola, esa fuerza que todos necesitamos, ese momento de aire contenido porque es imposible respirar, esa necesidad de parar todo por un momento antes de volver donde quiera que estemos. Con claras influencias de Rayden o Ángel González, pero, sobre todo, siendo ella misma. Porque *17 otoños* es Diana, y puede destruirte por completo, pero con la capacidad de volver a armarte...

... solo con pasar la página.

Víctor Martín

EL FINAL DE LA BATALLA

Aquella habitación

Aquella habitación, 541, en la que nos sonreías el viernes cuando sentiste nuestros besos, en la que a nosotros nos abriste los ojos durante segundos para vernos, en la que entre bromas y risas disimulaba mis lágrimas cuando podía hablarte y tú me contestabas haciendo ruidos, en la que te cogí por última vez de la mano y te brindé mis besos más francos. Aquella habitación que se lleva los tequieros más sinceros que he dicho, los abrazos más bonitos que me han dado, las mil lágrimas de los que más te hemos querido. Aquella habitación que se lleva al guerrero eterno que has sido y, junto a él, todos los planes que quedaron enjaulados en su alma.

Aquella habitación que se lleva una de las personas a las que más he querido y querré nunca.

Gracias, papá, por ser siempre tú, por escucharme hablar de lo que me apasiona, por contarme historias, por leer u oír alguno de mis escritos, por jugar aunque llegases cansado cuando era peque, por todas las carcajadas que nos hemos marcado cuando el mundo se rompía y por todos esos abrazos que siempre llevaré conmigo. Por ser una de las mejores personas que he conocido y conoceré.

Ayer, hoy y siempre, gracias, luchador, por la enorme lección. Por vencer a la vida, y ten claro que, en la mía, llevaré tu recuerdo cada día y, sobre todo, en cada sueño.

Ha sido un honor ser tu motor, tu entrenadora de risas e ironías, tu compañera más fiel en esta larga pero por fin terminada lucha.

Doy gracias a la vida por lo vivido y a la muerte por permitirnos vivirlo.

Eras, eres y serás mi ganador siempre, papá.

Viernes

No hubiera atravesado la puerta,
nunca quise un último beso.

Sábado

Te fuiste aquel sábado
y ahora no quiero más noches de viernes.

Domingo

Domingo de quererlo todo
y que todo solo seas tú.

Ciudad Eterna

Él voló
y la ciudad notó su falta.

Los pájaros dejaron de cantar
por las mañanas,
no había murmullos
en ninguna casa.

El amanecer
se volvió oscuro,
las calles
solitarias.

Las luces
imposibles de encender,
sus ciudadanos
incapaces de respirar.

La ciudad
nunca volverá a ser igual,
las sonrisas del mundo
cesaron aquel día.

Pero la gente
no podía arrancar sus alas,
pues él era demasiado grande
para permitirse quedarse.

Y ella,
ciudadana ejemplar,
solo trata de avivar
el alma de aquella ciudad.

Biblioteca de vida

Escribo porque quizá
limite mis sentimientos
y ahora ya no me apetece reír,
quiero encerrarme entre libros y libretas,
y no volver a salir
a ese mundo de gente rota
que dice saber dónde ir.

Pájaro al viento

Los días son más tristes
desde que te queremos cerca
y te tenemos lejos,
desde que sabemos que te irás,
volarás,
nos dejarás.

Circo

Te quiero ver vivir
y solo soy capaz de hacerte reír.

Resiliencia

Soy el ave fénix
agotado de resurgir,
pero obligándose
a dejar de ser ceniza.

Soy la prímula
capaz de florecer
en el desierto.

Soy quien jamás piensa en rendirse
aunque me dé de hostias,
soy lo suficientemente terca
para no tirar con la toalla
y agarrarla con dientes.

Aun cuando todo parece perdido,
aun cuando no sé ni cómo remontar,
aun cuando nadie cree en mí,
aun cuando carezco de afán.

Porque soy la fuerza
del puto huracán
que no esperas,
y por mi persistencia
vuelvo, remonto y gano.
Siempre gano.

Roma

Roma acompaña
con tu recuerdo,
Roma abraza
sin pedirlo.
Roma aparece
sin ser llamada,
Roma posee
tu aroma.
Ciudad Eterna,
como tú.

La partida

Y es entonces cuando te das cuenta de que lo que de verdad importa es la forma en que afrontes las cartas que el destino o el azar te han brindado para que juegues. Y te percatas, te percatas de los tipos de personas con que te puedes cruzar en este juego al que todos llamamos *vida*. Están los que se cruzan de brazos esperando ganar, los que piensan cada movimiento milimétricamente, los que sin querer o queriendo te echan la carta que necesitabas para seguir por donde debes. También están los que no quieren jugar, los que miran alrededor intentando imitar jugadas de otros aun sabiendo que sus cartas son distintas y los que intentan joder al de al lado, aun perjudicándose ellos.

En ese momento, comprendes que el juego muchas veces es injusto, que alguna vez te arrebatan las cartas sin que lo esperes y que el mundo tal y como lo conocías se rompe, deja de existir el juego que tratabas de ganar, obteniendo otro mundo que hasta entonces no conocías. Entiendes que no vale la pena pensar en todos tus movimientos porque nunca sabes cuándo se va a perjudicar tu jugada, aunque a veces es preferible que tu jugada no sea la que esperabas, que ocurra algo que te rompa los esquemas que llevaban años en tu cabeza. Captas que no puedes mirar o juzgar otras cartas que no sean las tuyas, porque el resto de los jugadores no te enseñan su talón de Aquiles, y es probable que, por ello, nunca acabes de asimilar sus movimientos, pero siempre puedes apoyarlos desde su banquillo, nunca desde el tuyo.

Sin embargo, aunque las cartas no sean las deseadas, la actitud siempre puede cambiar la forma de mirarlas. Además, este juego es demasiado corto para no jugar, porque la muerte nos está brindando un día más para que nuestros esquemas se rompan, para que echemos la carta que otros necesitan y nosotros ya podemos desechar, para reír entre jugada y jugada. La muerte nos está brindando un día más para atrevernos a vivir.

LA POSGUERRA

Si Platón supiera

Si Platón supiera
que hace un año
me perdí en aquella apología
mientras oía a papá asfixiarse.

Si Platón supiera
cómo secabas mis lágrimas
mientras en Roma
comenzaban las llamas.

Si Platón supiera
la ilusión que me brindó
La República
que me regalaste.

Si Platón supiera
cada noche
de lluvia interna
en la que acudí a él.

Si Platón supiera
las intensas quimioterapias
y habitaciones de hospital,
de las que escapé con él.

Si Platón supiera
cuánto he roto en llanto
y que he terminado rota de risa
con sus idas y venidas.

Si Platón supiera
que me aferré a sus diálogos
cuando me prohibían
ver a mi padre.

Si Platón supiera
de aquel verano helado
en aquella 1031
cargada de demonios.

Si Platón supiera
la de veces que me convencí
de poder con todo
después de leerle.

Si Platón supiera
que, cuando la Ciudad Eterna
terminó de arder,
en él encontré fuerzas.

Si Platón supiera
lo difícil que es pedir auxilio
y, sin embargo,
él siempre me ha escuchado.

Si Platón supiera
que reparto los abrazos
que me ha brindado
porque yo los he necesitado.

Si Platón supiera
que, sin él, yo menos;
que, si no nos hubiéramos cruzado,
yo no.

Si Platón supiera
por cada insomnio
todo lo que le debo,
todo lo que te debo.

22 de diciembre

—¿Qué quieres por Navidad? —no dejan de preguntar.
—Dime dónde encontrar un abrazo de papá.

Efímero

He visto una estrella fugaz
y, como siempre,
he pedido que el cáncer nos abandone.

Apretando puños,
forzando dientes
y cerrando ojos.

Luego
me percaté de que ya no estás;
tranquilo, solo me he roto un poco más.

Madrid

Le gustaban las luces de la capital en diciembre y enero. A mí no me hacía falta ir hasta allí. La luz era su sonrisa todo el año.

Faltas tú

Faltas tú
asustándome con tu careta
y yo gritándote que eres gilipollas.

Faltas tú
cuestionando qué leo
y qué me parece.

Faltas tú
preguntando cuándo vamos
a ver las luces de Madrid
y yo repitiéndote
lo bonita que es Gran Vía.

Faltas tú
escuchando a Dani Martín
mientras charlamos.

Faltas tú
criticando la Navidad
mientras te arrancas con villancicos.

Faltas tú
de conductor en cualquier viaje
y yo de copiloto
cantando a pleno pulmón.

Faltas tú
planeando nuestro viaje a Roma
y yo pensando que, si no se puede hoy,
lo haremos mañana.

Faltas tú
recibiéndome con los brazos abiertos
y recordándome lo orgulloso
que estás de mí.

Faltas tú
contándome historias
y yo pidiendo que vuelvas a empezar
cuando se acaben.

Faltas tú
riendo como un loco
contando el primer chiste
y yo siguiéndote de inmediato.

Faltas tú
siendo el único capaz
de captar todas mis ironías.

Faltas tú
burlándote de cómo envuelvo los regalos
y yo mandándote a la mierda.

Faltas tú
jugando a las cartas
y yo pidiéndote mil revanchas.

Faltas tú
debatiendo conmigo
y declarando cómo te agrada
reflexionar junto a mí.

Faltas tú
cantando la canción que detesto
y yo reprochándote
que de todas las canciones
te aprendes la peor.

Faltas tú
cediéndome el último trozo
de chocolate
mientras me llamas *lechuza*.

Faltas tú
con el «enana, no digas nada, pero…»
y yo continuando tu juego.

Faltas tú
y, para qué mentir,
este año también falto un poco yo.

No es tanto

Abrazarte un rato,
contarte logros,
reírnos de todo,
sanar un poco.

¿Dónde estás?
Lo prometo,
no pido más,
5 minutos contigo, papá.

¿Navidad?

No quiero más diciembres
sin la parte de mí
que voló contigo.

Y ahora entiendo
por qué no te gustaban estas fechas,
esto ya no es Navidad.

Vorágine

Me levanto
y tiemblo
cada día
con tu recuerdo.

Diariamente
me atrapan
nuestros momentos
de carcajadas sonoras.

Duele,
pues mi objetivo
no es tu sonrisa
y no hallo refugio en tus brazos.

Dañan los lunes
sin humor,
los miércoles
sin charletas.

Fui la primera
en desear tu marcha,
pero ahora soy presa
de tu ausencia y presencia.

Siento el privilegio
de robarte
tu última risa
en aquella habitación.

38

Es cierto,
no siempre poseo fuerza,
pero me repito aquellos:
«Tú puedes, campeona».

Y aunque sienta
que romperé en llanto,
me levanto,
aun temblando.

Ruinas

Sabía que dolería
por mucho
que lo desease.

Los recuerdos
se empoderan
en eternos instantes.

Las heridas
no caben
en este folio.

Las lágrimas
no son suficientes
para calmar el huracán.

El silencio
es el claro grito
de mi alma desgarrada.

¿Y mi fuerza imparable,
mi risa sincera
y mis ganas de seguir?

Irónica vida
que revive a los muertos
y mata a los vivos.

El vacío

En el frigo,
las dos Coca-Colas
que por tiempo
no bebimos.

Las persianas
bajadas,
esclavas eternas
de tu falta.

Mi cama
ordenada,
tu habitación
descolocada.

Los pasillos
sin guía,
la cocina
sin melodía.

El salón
sin notas de domingo
terminadas en
«Os quiero, papá».

La sala de estar
sin partidas
ni piques
entre risas.

Tus armarios
cerrados
sin el aroma
de Jean Paul Gaultier.

Los cajones
llenos de cuadernos,
y yo, sin coño
pa leerlos.

Pues abandonamos
la guasa
en aquel refugio
que llamábamos *casa*.

Vida o muerte

Qué irónica ley de vida resulta ser la muerte. ¿Por qué decimos que todo tiene solución en esta vida menos la muerte? ¿Forma la muerte parte de la vida o la vida parte de la muerte? Porque ninguna puede existir sin la otra, pero las encontramos por separado y en conjunto. Porque ¿vivimos cuando morimos o morimos cuando vivimos?

Son como el ángel y el demonio, pero nadie le agradece al demonio por permitir existir al ángel. Porque todos se centran en la vida y nadie agradece a la muerte por dejarnos vivir o por llevarse a nuestros seres queridos cuando es necesario. Porque no será tan cruel la muerte si llega cuando peor estás; quizás es más bien una vieja amiga que no recordabas, pero, cuando os encontráis, todo vuelve a ser igual, y dejas de estar, porque te encuentras como en casa entre sus brazos. Por eso la muerte me transmite tanta paz, porque me brinda tiempo de vida.

TRATADO DE PAZ

La próxima vez

Me he cortado
con la página
al intentar pasarla.

La próxima vez
quemo el libro
y la saga que traiga.

La próxima vez
seré yo la autora
que joda al destino.

La próxima vez
inventaré las fuerzas
que me falten.

La próxima vez
no habrá pasos
que no sirvan.

La próxima vez
se cuestionará la vida
por qué no me mató.

La próxima vez
no se atreverá la muerte
a mirarme fijamente.

La próxima vez
será el último intento,
pero en este acierto.

Niños de recreo

¿Te acuerdas de cuando nos creíamos invencibles? Cuando éramos niños con sueños que tratábamos como realidades futuras. Cuando nos preguntaban qué queríamos ser de mayores y nos decían qué debíamos estudiar. Cuando hubiéramos prometido que nuestros amigos de entonces lo serían para siempre. Cuando jugábamos a ser mamás y papás con algún que otro beso inocente. Cuando no había día que no discutiéramos con Hugo. Cuando nuestra alarma entre diario era el beso de mamá. Cuando nuestro momento favorito de la semana era despertar a papá un sábado a las diez, llenando de cariño y risas su dormitorio.

Y míranos… Papá se fue y todos nuestros sueños se volvieron menos significativos sin poder ir corriendo a sus brazos al cumplirlos. Mamá madruga mucho más y utilizas una alarma mucho menos dulce. Hugo ya casi no discute y los viernes los colmamos de besos. Nuestros amigos de entonces lo siguen siendo casi todos, nos quedamos con aquellos que sumaban paz y guerra de risas, pero también llegaron otros que consiguieron completar nuestro caos. Nunca sabemos diferenciar quién nos dio aquel primer beso tonto. Aquello que queríamos ser ha cambiado un poco, tuvimos la suerte de enamorarnos de ella: filosofía. Aunque pensemos destinarlo al mismo fin, nuestro corazón sigue en la enseñanza.

En toda esta fugacidad del tictac, hay cosas que no han cambiado ni cambiarán. He continuado tratando mis sueños como futuras realidades, eliminando todo lo hipotético de la ecuación y peleando por ellos, a muerte, siempre, sin dudar una milésima de segundo. He seguido creyéndome invencible cada vez que el vaivén de la vida intentaba matarme, me rompí mil veces, pero me sentí más grande que nunca en mil y una. Supongo que en eso se resume todo esto, en sentirse grande aun siendo pequeño, porque yo sigo siendo aquella niña que todavía piensa en qué será de mayor.

Sin embargo, hoy, la respuesta, antes que cualquier otra, es feliz. Yo seré feliz y me sentiré grande, siempre. Sí, así, en afirmativo, sin hipotéticos, como sueños, como futuras realidades.

Contra todo pronóstico

Me recuerdo inmortal
cuando la historia no era cíclica,
los hombres eran libres,
y en ese instante llamado Nunca
volvimos a vernos.

Eterno retorno

Vivo en el consuelo
de escuchar
tu risa en sueños.

La única pesadilla,
el despertador
cada mañana.

Advierto el cumplimiento
de mi gran miedo
y mayor deseo.

Solo sigo en pie
para volver a la cama,
verte de nuevo.

Aunque los encuentros
no sean reales,
son nuestros.

Y me recuerdas
que me ría tan alto
como siempre.

Como siempre, contigo…

Tu primer no cumpleaños

Querido Caillou:

Hoy, 13 de abril, no estás. Es cierto, llevas demasiado tiempo ausente en nuestras vidas, pero supongo que hoy, 13 de abril, el duelo duele más. Pues ya me dirás a quién le envío las cartas y los poemas que te escribo para cada 13 de abril, dime tú a quién le canto y con quién soplo las velas, dime tú a quién le regalo un pintalabios o alguna de las mil gilipolleces que se me ocurren cada año. Aunque el regalo siempre era mío al oírte reír por mi culpa. Dime tú quién me reta a descubrir filosofía en cualquier rincón, a quién escucho con gusto hablar de historia y a quién le cuento los debates de clase. Dime quién es más irónico que yo, con quién comparto el «es que, como eres tímido, pensaba que eras serio». Dime quién me abraza y me susurra: «Joder, qué orgulloso estoy de ti». Dime quién sino tú, papá.

No te preocupes, si algo me enseñaste son los valores necesarios para una batalla aunque está ya esté pérdida.

Una y mil veces más, gracias, papá. Un honor, un privilegio, una experiencia conocerte. Aunque 17 otoños no eran suficientes para todo lo que tenías que enseñarme…

Hoy

Hoy te he echado de menos de más,
hoy tengo algo que contar,
hoy he pensado en ti primero,
hoy me he apagado cinco segundos,
hoy he vuelto a resucitar,
hoy te recuerdo,
hoy te quise o te quiero,
hoy da igual,
hoy no estás,
hoy se lo cuento al mar.

Porque sí

Porque surfearé
el mar de lágrimas
en el que me sumergí.

Porque ya basta
de carencias
y actitudes de mierda.

Porque veré
el sol
en la noche.

Porque seré feliz,
volverán mis ganas
de resistir, reír y vivir.

Porque soy capaz
de levantar la vista
con valentía.

Porque seguiré
sin preguntar por qué
no sonreía.

Porque la vida pasa
y yo no quise ni quiero
ni querré mirarla de pasada.

Atrévete

—Te voy a romper —dijo la vida.
—Aun rota, seguiré riendo —contesté jodiendo.

¿Bailamos?

Que bailes con las adversidades
como si de un vals se tratase
para apuntar fuerte
y llegar lejos.

Que la melodía te acompañe
cuando rompas en llanto
y te impulse
a acabar roto de risa.

Que los pasos que te marques
sean un canto de esperanza
y decidas seguir bailando
cuando ni la música
te haga sentir vivo.

Que pares y respires,
pero luego sonrías y camines.
Sigue, por ti
y todo lo bonito
que nos queda por vivir.

4 de diciembre de 2023

Hace 2 años que te fuiste y no, yo no quiero cinco minutos más contigo ni un último abrazo ni nada de esas cosas que suelen decirse. No lo quiero porque implicaría saber de nuevo que es la última vez y no hay nada que me haya dolido hasta el momento más que aquello. Saber cuál era nuestra última Navidad, palabras, caricias, miradas, risas o besos. Me niego.

Y sí, soy humana y también me acuerdo todos los días de ti, de cómo reías y eras, de todas las cosas que te quiero contar y todo lo que nos quedó por hacer. Pero no, yo no quiero volver a verte por última vez, que, de hecho, es lo que más me duele del día de hoy. No es tu muerte, eso fue alivio después de toda la tormenta; no es todo lo que no hicimos porque fue por falta de tiempo y no nos declaró culpables de ello. Es recordar que estábamos aquel sábado en el hospital y que todos sabíamos que era tu último día y, aun así, parecía no terminar nunca. Porque yo pensaba que tu último día había sido mucho antes, muchas otras veces, y nunca era. Tú seguías sufriendo y yo con risas disimulaba que deseaba más que nadie tu muerte. Entre otras cosas porque lo tuyo había dejado de ser vida hacía tiempo.

Yo solo quiero que sigas apareciendo en mis sueños y oírte reír en ellos. Porque despertar de ello ya no duele, sino todo lo contrario. Te quise mucho de verdad. Te recuerdo siempre, pero yo no quiero llorarte (aunque en fechas señaladas sea inevitable), eso deberían hacerlo quienes no te conocieron; al final, ellos son los pringados, papá. Yo soy partidaria de reír mayormente por tu partida.

Gracias, feo.

P. D.: Todo está escrito por la tía más perfecta de la faz de la tierra, aunque no creo que tuvieras duda.

58

Juanjo

Hablabas de ir a Roma,
ella en ruinas
y tú totalmente divagante.

Ahora entiendo
tus ganas de volver a ese panteón,
de sentirte igual de eterno.

Comprendo tu constancia
como romano
para no ser tumbado.

Derramé mil lágrimas silenciosas,
los huesos pesaban,
íbamos a contrarreloj.

No había pausa,
cada vez teníamos menos oxígeno,
gritamos el último suspiro.

Pero la Ciudad Eterna
ya no libra batallas,
ni llora ni se desgarra.

La llaman Roma,
pero deberían ponerle otro nombre,
el tuyo.

Índice